DISSERTATION

SUR LES

MALÉFICES

ET LES

SORCIERS.

DISSERTATION

SUR LES

MALÉFICES

ET LES

SORCIERS

Selon les principes de la Théologie et de la Physique,

OU L'ON EXAMINE EN PARTICULIER L'ÉTAT DE LA FILLE DE TOURCOING.

Felix, qui potuit rerum cognoscere causas *Virg*.

À TOURCOING

1752.

Réimpression sur l'original à deux cents exemplaires.

LILLE.

LELEU, LIBRAIRE, RUE DU CURÉ-ST-ÉTIENNE, 11.

1862.

LILLE, IMPRIMERIE HOREMANS.

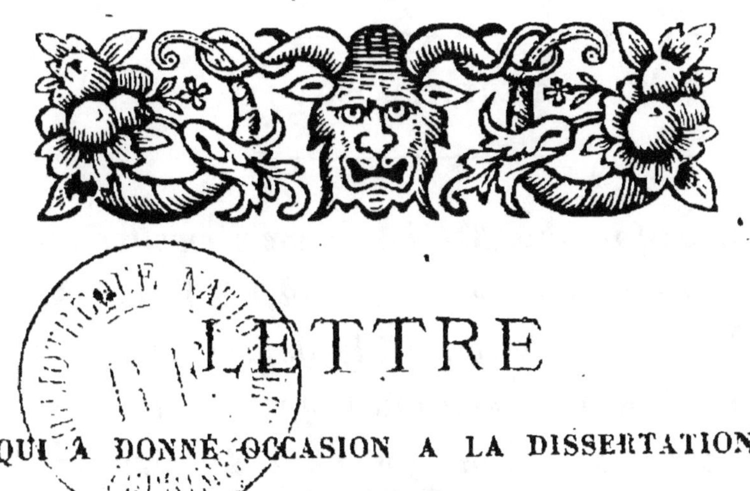

LETTRE

QUI A DONNÉ OCCASION A LA DISSERTATION
SUIVANTE.

Monsieur,

Vous m'aviez promis, qu'au premier loisir, vous nous lâcheriez quelque brochure de votre façon. Qui vous empêche de tenir parole? Sans doute vous n'aspirez pas à l'heureux talent de vous ennuyer, que possèdent naturellement tant de gens, et vous seriez faché qu'on crût que vous ne faites rien, parce que vous n'avez rien à faire. Vous voulez vivre malgré la rapidité du temps, et l'arrêter en l'employant. A la bonne heure, pourvû que nous en profitions.

1.

Il nous faut une Brochure: me permetteriez-vous de vous en fournir l'idée ? Vous avez oui parler de cette Fille de Tourcoing, à qui on ôte depuis tant de temps des aiguilles. Bien des gens l'ont vuë, qui n'y comprennent rien : je n'y comprends pas davantage ; mais après tout, il n'y a rien là de merveilleux ; si on lui tiroit des diamans, la chose seroit plus rare. Qu'en pensez-vous ? Ces aiguilles là dans vos mains ne pourroient-elles pas divertir le public ? Allons, Monsieur, un petit écrit dans le goût du siècle, tout mignon, tout badin : point de réflexions sérieuses, point de recherches sçavantes ; cela n'est bon que pour les gens raisonnables. Il faut faire comme dans la conversation : on voltige, on papillonne ; pourvû qu'on glisse quelques gentillesses par intervalle, tout le monde est content. Il feroit beau voir qu'on pensât à ce qu'on dit, et qu'on s'avisât de raisonner consé-

quemment. Cependant, je crains bien que vous ne suiviez pas mes conseils. Vous voudrez définir, diviser, discuter, prouver : et Dieu veuille, qu'ayant l'esprit géométrique comme vous l'avez, vous nous fassiez grace des Axiomes, des Lemmes, des Théorèmes, et des Corollaires. Mais voici un embarras, dont je veux vous prévenir en ami. Plusieurs croient de bonne foi, que ces aiguilles sont une vraie sorcellerie. Quel parti allez vous prendre ? Si vous osez dire, qu'il n'y a plus de Sorciers ; vous vous mettez à dos tous les gens d'Eglise. Si vous soutenez qu'il y en a, vous vous perdez d'honneur dans le monde ; la croyance des Sorciers n'est plus à la mode.

Incidis in scyllam cupiens vitare charybdim.

Je vous dirois bien, comme le Soleil à Phaëton,

Medio tutissimus ibis.

Mais entre le oui et le non, quel milieu prendre? Cependant, que cela ne vous fasse pas peur : vous êtes homme à vous tirer de ce pas là ; et si vous l'entreprenez, je me fais d'avance un plaisir de vous applaudir.

Je suis, etc.

A Tournay, le 18 Septembre 1751.

DISSERTATION

EN FORME DE LETTRE

SUR

LES MALÉFICES

ET LES SORCIERS

Où l'on examine en particulier l'état de la Fille de Tourcoing.

MONSIEUR,

L'opinion des Maléfices et des Sorciers est comme la maladie du genre humain. Tout le monde en parle : le peuple croit tout, les *esprits forts* se moquent de tout, les Sçavans se partagent, moins sur leur existence que sur leur nature, et leurs causes. Car dans les faits, il y a toujours deux choses à discuter, la vérité du fait et le *comment*. Le second est le plus difficile, et quand les faits passent les forces connuës de la nature , rien n'est plus embarrassant. Les Maléfices sont de cette espèce. Il est remarquable qu'il y a beaucoup plus de Sorciers, vrais ou faux, parmi les petits que parmi les grands, parmi les femmes que parmi les hommes, et que les Maléfices tombent plus souvent sur les enfans que sur les *adultes*, et sur les filles que sur les garçons. Entre autres, il y en a une à Tourcoing, dont vous m'avez parlé, et dont je me suis informé. Elle m'a semblé propre à servir de baze à une Dissertation abbrégée, mais peut être assez complette sur cette matière. Je l'ai faite pour m'instruire et pour vous amuser. Si vous la montrez, ne me nommez point. Quelques-uns me trouveroient trop sérieux , d'autres trop badin.

C'est une grande entreprise que de vouloir contenter tous les goûts : j'y renonce.

Il est bon de vous prévenir que cette Fille n'est pas de Tourcoing même , qu'é-tant au service d'un bon Bourgeois de cette Ville, elle tomba sur la poitrine. *Prima mali labes.* Il y eut contusion : cette contu-sion négligée dégénéra en abscès, et cet abscès bien ou mal traité, en une maladie de quatre ans : cette maladie la mit hors d'état de servir, et de vivre par conséquent. Des personnes charitables ont eu l'humanité de la loger et de la traiter chez elles. C'est alors qu'on a vu le phénomène dont nous allons parler.

On a souvent dit, que les filles sont des animaux indéfinissables ; pour moi, qui n'ai point de raison de leur vouloir ni bien ni mal, je croyois au contraire, que dans le monde chaque espèce a son caractère dis-tinctif, que les filles ne sont pas plus énigmatiques que les autres, et qu'on les découvre bientôt, quand on veut, malgré tous les petits nuages, dont elles font semblant de s'envelopper.

Mais la Fille de Tourcoing m'embarrasse. Une fille, dont le corps depuis neuf ans n'est qu'une minière inépuisable d'aiguilles ; une fille, qu'on déchire sans pitié à grands coups de scalpel pour tirer ces aiguilles, les montrer, les donner à qui en veut ; une fille dont les membres secs et retirés ne sont qu'un squelette couvert de peau, dont la peau elle-même, n'est qu'une vaste et hideuse cicatrice ; une fille cependant, qui vit, qui parle, qui chante, qui dans un état plus affreux que la mort conserve constamment un air riant, une gaieté douce et touchante ; vous dites, qu'il n'y a rien là de merveilleux, et vous avouez, que vous n'y comprenez rien ; vous commencez par décider, et vous me demandez ensuite ce que j'en pense. Je l'avouë, je ne sçaurois aller si vite. Car cet événement est *analogue* à beaucoup d'autres qu'on a racontés et qu'on racontera ; il tient à beaucoup de questions importantes de Métaphysique, de Théologie et de Physique : il est donc nécessaire de marcher avec précaution , et de ne raisonner que sur des principes bien établis.

Mais comme il n'y a rien de plus commun, et en même temps de plus ridicule que de se tourmenter pour rendre raison d'un fait qui n'est point, nous commencerons , s'il vous plaît, par constater le nôtre.

La Fille de Tourcoing n'est-elle pas un conte de *ma mère l'oye* ? Est-il bien vrai qu'on tire par incision des aiguilles de son corps ?

Oui, Monsieur, cela est très-vrai. 1° Il y a plusieurs témoins oculaires. 2° Ils ont

tous vu et touché de même. 3° Ils étoient
étrangers et désintéressés. 4° Ils étoient
même prévenus et incrédules. 5° Ils étoient
instruits, Médecins, Chirurgiens, Ecclésiastiques, etc. 6° Enfin il n'y a eu ni
rétractation de leur part, ni rapports contraires.

J'ai une de ces aiguilles, qu'on lui a
tirée de dessous la mammelle gauche ;
mais ajoûter mon témoignage à tant d'autres, c'est porter une goûte d'eau à la
rivière. Et plut à Dieu que tous les faits
fussent aussi bien avérés que celui-là, il
n'y auroit pas tant d'incertitude dans l'histoire.

Mais ce fait est-il unique ? Les Annales
de la nature fournissent-ils quelques exemples semblables ?

Oui, Monsieur.

*Henricus ab Heer, obscrv. medic. rara-
rum, obs.* 8, raconte qu'une fille de 9 ans,

après des douleurs et des convulsions vio-
lentes vomissoit des coquilles et des morceaux de verre, des aiguilles et des épingles
attachées au papier, comme on les vend,
et même un couteau de fer de la longueur
de la main : c'est bien pis que des aiguilles.

Zacutus Lusitanus, *de praxi medicá
mirab. lib.* 3 *obs.* 139, a vu, dit-il, une
Demoiselle, qui vomissoit aussi des aiguilles d'airain, etc.

Baptista Codronchus, cité par Daniel
Sennert, *lib.* 6 *pars* 9, parle d'une femme
qui rendoit avec les excrémens des épines,
des os, du bois, etc.

Vous direz peut être que ces choses sont
sorties par où elles étoient entrées. Ne
disputons point. En voici d'autres.

Fabrice de Hilden rapporte qu'un homme
a rendu un couteau par un abscès.

Joannes Langius, lib. 1 *epist.* 58, détaille

l'Histoire d'un Laboureur d'Ulrich, auquel
on tira de dessous la peau un clou de fer.
Cet homme s'étant ensuite coupé la gorge
de doulenr et de désespoir, on l'ouvrit
publiquement, et on trouva dans son corps
un bâton, quatre couteaux d'acier, deux
ferremens, etc. Ce trait est cité par J. Bodin, *Fléau des Démons, liv.* 2.

Jean Wier, *lib. 4 de Præstig.* dit avoir
vu avec une infinité de personnes, un
couteau tiré du ventre d'une fille sans
aucune apparence d'ulcère.

Voici du plus récent. Mr. de S. André,
Médecin de Coutances, *Lettre sur les Maléfices, pag.* 221, parle d'une Fille d'Orbec
en Normandie, de laquelle il sortoit des
épingles, sans qu'on vit aucuns vestiges de
leur entrée ni de leur sortie. La Fille de
Tourcoing n'est pas si heureuse, car elle a
tout le corps cicatrisé et ulcéré en bien des
endroits. Cependant son Chirurgien a as—

suré que dans les commencemens elle avoit la chair parfaitement nette et saine.

Je vous parlerois bien aussi d'une Religieuse de Tournay, encore vivante, qui s'est trouvée, dit-on, dans le même cas. Mais n'ayant pu vérifier ce fait, j'aime mieux m'en passer. Remarquez, je vous prie, que ce ne sont point là des contes de paysans ou de bonnes femmes. Ce sont des Auteurs respectables, et qui ont fait de gros livres. Et où en seriez-vous, si je vous citois les Ecrivains Ecclésiastiques? Le P. Delrio, Jésuite, suffiroit seul pour vous accabler. C'est un homme que ce Père Delrio; je vous le mettrai en tête plus d'une fois.

Vous voyez bien, à présent, que les aiguilles ne sont pas d'une invention tout à fait moderne, et que les hommes ou les diables d'autre fois n'ont fait qu'apprendre une vieille chanson à ceux d'aujourd'hui.

2.

La vérité du fait ainsi établie, cherchons en la nature et les causes. Voilà des aiguilles, d'où viennent-elles ?

Ces aiguilles se sont formées dans le corps, où elles y ont été mises. Si elles y ont été mises , ç'a été par des hommes ou par des agens supérieurs aux hommes. Si ce sont des agens supérieurs , ou c'est Dieu , ou c'est le Diable. Si ce sont des hommes, ce sont ou des sorciers, ou des hommes , comme vous et moi, à la friponnerie près. Voilà les chemins marqués ; allons de suite.

I. QUESTION.

Ces aiguilles se sont-elles formées dans les corps, ou, ce qui revient au même, y a-t-il dans les corps 1° des matières, 2° des instrumens ou organes propres à former des aiguilles ?

Non, sans doute, dites-vous d'abord. Hé bien, voilà comme nous sommes faits. Cette question paroît un badinage. Cependant, dès le premier pas nous nous jettons à corps perdu dans la grande question de la formation des mixtes, et de la transmutation des métaux. Comment cela? Le voici.

Qu'est-ce qu'une aiguille? Un morceau de matière formé de façon à coudre. Voilà une définition très-philosophique, très-cartésienne du moins, quoiqu'elle ne soit point, *per genus ultimum.* Car si la matière en elle-même est parfaitement *homogène,* et que les corps différens ne soient que des combinaisons différentes des parties de cette matière, selon certains dégrés ou directions d'un mouvement qui existe dans l'univers ; il est évident, que dans tout corps il y a de quoi faire des aiguilles, et à plus forte raison, que tout métal peut devenir or. Mais si en laissant seulement à la matière cette espèce d'*homogénéité* qui la distingue des esprits, on soûtient, d'après la bonne expérience, que les corps d'espèces différentes sont formés de principes différens, ou par leur essence, ou par la volonté du Créateur ; il s'ensuivra que du pain ne peut devenir bois, quoiqu'il y ait dans le pain des parties qui entrent dans le bois ; et qu'on ne peut faire des aiguilles sans fer. Ce seroit, par parenthèse, une bonne chose à faire, que d'assigner des régles sûres pour distinguer les corps en genres et en espèces : par exemple, on ne sçait pas encore bien dans l'Eglise, si tels oiseaux sont gras ou maigres, et si tels breuvages sont nourrissans ou non.

Reprenons. Supposé qu'il y ait dans les corps des parcelles de fer ou d'acier ; il n'y a rien là d'impossible : aurons-nous pour cela des aiguilles ? Les plus extravagans Alchymistes, qui ont prétendu faire de l'or avec du plomb, ne se sont jamais vanté d'avoir tiré de leurs fourneaux des tabatières ciselées, ou des pommes de canne toutes faites. Pour peu qu'on suive les opérations de la nature, on voit par tout, qu'outre l'action générale de l'eau, de l'air, du feu, etc., etc., et la préexistence des semences et des principes, il faut encore des *menstrues* pour altérer et dissoudre les mixtes, des *filières* pour en discerner les élémens, et des *matrices* pour en former les corps. Avec tout cela, jamais la nature n'atteint la simétrie arbitrairement compassée des ouvrages de l'art.

La formation *spontanée* des aiguilles n'auroit point paru absurde du temps qu'on croyoit, Philosophes et autres, qu'il se pouvoit former de la *putréfaction* seule, non-seulement des vers et des chenilles, mais des grenouilles, des rats, et jusqu'à des canards, qu'ils traitoient, je ne sçais pourquoi, d'animaux imparfaits. Ce temps là n'est pas fort ancien. Les canards sont du P. Delrio. Mais grâces à Dieu,

Aujourd'hui ce n'est plus cela.

Il est donc suffisamment prouvé, que naturellement parlant, il ne se peut former des aiguilles dans un corps. Allons plus avant. Oui; mais je trouve des faits qui m'arrêtent.

Borel, Médecin du dernier siècle, *observ.* 10, rapporte ce qui suit.

Une Dame de Tonneins ayant été blessée au sourcil, un Chirurgien cousit la plaie avec un fil de soie cruë; la plaie guérie, voilà ce fil, qui vegette, et qui pousse; on le coupe, il repousse encore, etc.

Ainsi nos jeunes Dames, qui trouvent trop grossier le poil de leurs épagneuls, pourroient, par des incisions délicates, y entrer des filets de soie ; ils y prendroient racine, et cela feroit les plus jolis petits animaux du monde. L'Auteur ne trouve point cette épreuve absurde. Mais un fil de soie, qui n'est qu'une bave visqueuse et desséchée, sans canaux, sans fibres, etc., est-il capable de végétation, et d'accroissement ? Sans doute, que si on avait planté à cette Dame des morceaux d'aiguilles, on aurait eu ensuite des aiguilles entières ? A d'autres.

Il y avoit une fille à laquelle on arrachoit des étoupes de la bouche, du nez, des oreilles, et même de cette partie soumise à tant d'accidents périodiques et autres. Ces étoupes étoient enracinées là profondément, tomboient et récroissoient comme la Lune ; et le plus beau, c'est que cela sentoit l'Iris.

Borel cite un témoin oculaire, *Massacus Libro de Lymphis Pugiacis.*

Nam vidi et servo stupas ex ore puellæ, etc.

Voici qui est bien plus beau encore. Ecoutez et admirez.

Un Berger de Tarragone, en Espagne, étoit tombé sur un prunier sauvage ; une épine, par malheur, lui étoit entrée dans le *thorax*, ou le *sternum*, vulgairement le creux de l'estomac ou environ ; mais par bonheur cette épine y pris si bien racine pendant deux ans, *per biennium*, qu'après avoir poussé quelques jets qu'on coupa, il en parut enfin, qui donnèrent et des fleurs et des fruits ; et l'illustre Peiresc a eu de ces rejettons, et ce phénomène est tiré de l'Histoire de sa Vie, et c'est Borel qui le raconte, et qui en raconte encore bien d'autres ,

Et va t'en voir, s'ils viennent, Jean.

II. QUESTION.

Ces aiguilles ont - elles une origine surnaturelle? Viennent-elles de Dieu?

Changeons de ton. Ce mot respectable m'inspire la gravité.

1° Nous ne connoissons bien ni l'étenduë de la puissance divine, ni la multiplicité de ses œuvres, ni les motifs de sa sagesse.

2° Nous sçavons qu'il ne fait rien, qui ne soit bien et digne de lui; parce que son pouvoir égale ses connoissances, que ses connoissances sont infinies, comme l'amour qu'il a pour lui, et que cet amour est le principe Créateur de tout ce qui existe.

3° La Philosophie, comme la Théologie, nous enseigne, que le bien et le mal, j'entens le mal Physique, viennent également de lui, comme de la première cause active de l'univers ; qu'il donne la vie à ce qui n'étoit point ; qu'il dispense à son gré la santé et les maladies, les plaisirs et la douleur, et que la mort est entre ses mains pour venir trancher nos jours, au moment qu'il est las de nous voir sur la terre.

4° Quoique Dieu soit l'agent universel, cependant il n'est pas seul. Il lui a plu de communiquer à ses créatures quelque sorte d'activité, non pour se décharger sur elles d'une partie de la nature, car elles ne font rien sans lui ; mais pour varier ses œuvres, et étaler aux yeux intelligens la magnificence de sa fécondité.

Il s'ensuit 1° que rien n'arrive sans Dieu, à plus forte raison, que rien ne se fait malgré Dieu.

2° Que Dieu n'étant pas le seul Être actif de l'univers, il est des choses qui ne viennent qu'indirectement de lui, et directement de la volonté efficace des causes secondes.

3º Que pour attribuer un effet à l'opé-ration directe de la Divinité, il faut mettre en preuve, 1º que cet effet surpasse les forces des agens subalternes ; 2º qu'il est digne de Dieu, et de l'ordre éternel de sa providence. Sans quoi l'on raisonne au hazard et l'on s'expose à l'erreur.

Ces principes suffisent pour ce qu'il nous faut discuter.

Voyons donc, si des aiguilles *implantées* dans un corps annoncent une cause infi-niment puissante. Non sans doute ; les Diables et les hommes ont pû les y mettre. Nous le prouverons ensuite.

Cet accident est-il dans l'ordre de la providence ?

Nos livres Sacrés , nos Auteurs de Vies de Saints, nos Ecrivains *Ascétiques* ne four-nissent rien d'approchant. Nous lisons bien dans ceux-ci des peines intérieures, des *croix* mortelles, des angoisses désespérantes, des abandons, etc., nous voyons dans tous des fléaux du Ciel, des maladies cruelles, pestilentes, quelquefois extraordinaires ; mais nulle part des corps étrangers, ouvrages de l'art, formés ou mis par Dieu même dans les hommes.

Les aiguilles seroient donc un fait singulier à cet égard ; or, dans les faits singuliers et inconnus, la raison veut, qu'on recourre à l'analogie ; et l'analogie ne dit rien ici pour les aiguilles. Donc, etc.

III. QUESTION.

CES aiguilles viennent-elles du Diable ? En vérité, le Diable est une étrange machine, et il faut bien que ce misérable ait bon dos. On le charge sans pitié de toutes ses misères ; on en fait le *plastron* de ses plaintes amères et de ses invectives; on lui attribuë les merveilles, qu'on ne comprend pas ; tout ce qui arrive de fâcheux est un jeu de sa malice. Qu'on casse un verre au milieu de quatre bougies, ou qu'un serin chéri meure sur un tas de dragées ; qu'une jolie femme jouë de malheur avec des gens qui ne veulent pas perdre, ou qu'un orage imprévu dérange la frisure d'un *petit maître :* l'homme dit tout haut, et la femme murmure tout bas, que le Diable s'en mêle. Le Diable, tout Diable qu'il est, ne doit pas être calomnié. Ce n'est pas qu'on s'en embarrasse ; mais on doit du respect à la vérité.

Or, qu'y a-t-il de vrai par rapport au Diable ?

1° Dans tous les pays et dans tous les temps, on a toujours cru, qu'il y a dans le monde d'autres esprits, que les ames humaines, et que ces esprits, ou génies, ou démons, etc., sont les uns malins et les autres bienfaisans, les uns plus et les autres moins. La Théologie Chrétienne confirme cette opinion ; et l'on ne comprend pas sur quel fondement certains Philosophes n'en veulent point admettre. Si la raison seule ne suffit pas pour prouver leur existence, du moins est-il bien sûr qu'elle ne prouvera jamais leur impossibilité. Et cela seul devroit, ce semble, empêcher un peu ces Messieurs de se moquer *gratis,* comme ils font, de la croyance de l'univers.

2° Ces génies connoissent, ou toujours, ou souvent, plusieurs choses qui nous sont cachées, soit par un privilége attaché à la prééminence de leur nature, soit par les révélations expresses, qu'il plaît à Dieu de leur en faire. Ainsi on met toujours à part *l'avenir libre*, ou d'eux-mêmes ils ne voient rien que par conjecture.

3° Ces mêmes génies ont un pouvoir quelconque d'agir sur les corps, de les altérer, de les mouvoir, etc., soit comme agents réels et *physiques*, soit comme *causes occasionnelles* de l'action de Dieu sur les corps, selon la très-subtile doctrine du très-Métaphysicien Malebranche.

Ces deux thèses se prouvent comme la première. Voyez, s'il vous plaît, les deux dissertations du sçavant Dom Calmet sur les Obsessions et les Anges, *tome* 1. Et si vous êtes curieux de sçavoir ce qu'en pensoient les anciens Payens, consultez Porphyre, Jamblique, Proclus, tous *Diablistes* du premier ordre, ils sont traduits du Grec par Marsile Ficin. Ajoutez-y, si vous voulez, Plutarque, Apulée, sans oublier le Roman de Philostrate, je veux dire, la Vie d'Apollonius de Thiane. Vous auriez un *in-folio* de citations ; mais je vous épargne.

4° Quelque soit la science et le pouvoir des génies, ils n'en peuvent user qu'avec l'ordre ou du moins la permission de Dieu, soit pour manifester ses grandeurs, soit pour châtier les hommes, ou exercer leur patience, etc. C'est un corollaire de la première conséquence des principes de la deuxième question.

Par conséquent, 1° les Diables peuvent causer des maladies, soit en altérant immédiatement la constitution du corps, soit en y répandant les parties les plus subtiles des végétaux, minéraux, etc., qui peuvent déranger l'harmonie des humeurs entre-elles, et avec les solides.

Vous sçavez l'histoire de Job : mais ce que vous ne sçavez peut être pas, c'est que Pineda lui a compté, non pas une, mais 31 ou 32 sortes de maladies compliquées, toutes de la façon du Diable ; que Bartholin, *de morbis Biblicis*, ne lui en a trouvé qu'une douzaine, et qu'enfin tout cela peut fort bien se réduire à ce fameux mal nommé *Elephantiasis*, ou la lèpre, dont il étoit rongé jusqu'aux os. Voyez D. Calmet, Dissertation sur la maladie de Job, *tome* 2.

2° Les Diables peuvent élever les corps de terre, et même les transporter fort loin dans les airs.

Sans parler de l'Ange, qui porta le Prophète Abacuc par les cheveux, depuis la Judée jusqu'à Babylone, et qui le ramena chez lui par la même voiture (Daniel 14.) Le Diable n'a-t-il pas eu le pouvoir et l'audace de transporter Jésus-Christ sur une montagne, et puis sur le Temple de Jérusalem, selon S. Luc, 4, ou bien d'abord sur le Temple et puis sur une montagne, selon S. Mathieu, 4.

3° Les Diables peuvent se rendre visi-

bles et palpables, converser avec les hommes, etc.

Remarquez , je vous prie, que les Pères
de l'Eglise, d'accord avec les Payens, dont
ils tenoient leur Philosophie, ne croient
pas les Diables si spirituels, que nous le
disons aujourd'hui. Ils leur donnoient volontiers de petits corps aëriens forts subtiles ; pas tant néanmoins, qu'ils ne pussent
bien, en condensant un peu cet air, ou
cette matière éthérée quelconque, devenir
fort compactes, et assez solides pour les
opérations les plus animales. C'est ainsi
que selon plusieurs d'entre-eux, les géans,
dont fait mention l'Ecriture, étoient les
fruits amoureux du commerce des Anges
rebelles avec les filles des hommes. Et voilà l'origine des Incubes et des Succubes,
dont nous lisons tant d'Histoires dans toutes sortes d'Auteurs. La différence qu'il y a
maintenant, c'est qu'il n'est plus permis à

ces galants de *cythériser* si efficacement, car leur *sperme* est froid. disent Bodin et Delrio. Du reste, leurs Sylvies sont bien traitées ; en demandent-elles davantage ? Vous me dispenserez d'entrer dans un plus grand détail sur un sujet, qui m'inspire plus d'indignation, que d'envie de rire. Si la curiosité vous tente, lisez le chapitre 7 du liv. 2 de Bodin, la question 15 du liv. 2 de Delrio, la Dissertation de D. Calmet sur les Anges, etc.

4° Les Diables peuvent changer les corps en des corps différens, soit par une vraie transformation, soit par un simple prestige, illusion, fascination, etc.

Cela n'est pas plus difficile que ce qui précède ; et c'est le sentiment du Docteur Angélique, sur le deuxième livre des Sentences, 9, dist. 7, art. 5. *Omnes Angeli boni et mali ex virtute naturali habent potestatem transmutandi corpora nostra.* J'au—

rois ici beau jeu, si je voulois vous dire tout ce que les anciens et les vieux modernes nous content des loups garoux, des femmes changées en chattes, des hommes métamorphosés en ânes, etc. Voyez sur cela Bodin, liv. 2, chap. 6 de la Lycanthropie. Mais quoique tout cela ne soit pas *mot d'Evangile*, comme on dit, néanmoins mon *induction* subsiste sous la garantie de S. Thomas ; et conséquemment les Diables peuvent encore plus aisément changer en aiguilles, non-seulement les choses dont on se nourrit ; mais la substance même du corps humain.

Mais comme les Auteurs ne rapportent presqu'aucun fait de cette espèce, qui ne soit arrivé par l'entremise des sorciers ; il est temps de parler de ces honnêtes gens là, qui passent constamment pour les vrais Auteurs de tous les maléfices.

IV. QUESTION.

CES aiguilles viennnent-elles des sorciers? Qu'est-ce que les sorciers ? Y a-t-il des sorciers ? Combien de sortes de sorciers ? Que peuvent-ils faire ? Que font-ils ? Pourquoi le font-ils ? Comment le font-ils ? A quels signes juge-t-on qu'ils l'ont fait ? Comment guérir et détruire ce qu'ils ont fait ?

Que vous en semble ? Voilà une question qui en produit neuf. Il ne tient qu'à moi de doubler, la matiere est féconde : mais *brevis esse laboro*, si je suis obscur, prenez-vous en à mes maîtres, qui n'ont rien de mieux à m'apprendre.

§ 1. *Qu'est-ce que les Sorciers ?*

Rép. SELON J. Bodin, liv. 1, chap. 1, *Sorcier est celui qui par moyens diaboliques, sciemment s'efforce de parvenir à quelque chose;* soit que le Diable agisse immédiatement lui-même, ou qu'il fournisse à son sorcier les moyens de réussir. Et comme le Diable, malgré la lourde bévuë qu'il a fait d'abord, n'est ni assez sot, ni assez bon pour servir les gens *gratis*, il ne manque jamais de stipuler par un contrat en forme, que le sorcier, auquel il se prête, se donnera à lui par retour. Ainsi le pacte, du moins *implicite*, entre essentiellement dans l'idée de sorcier. Et tous les Auteurs qui en traitent sont d'accord sur ce point. Aussi la Théologie Morale de Grenoble définit ainsi la magie, tome 6, chap. 4 de la Religion.

La Magie est une puissance désor- "

donnée, qu'on reçoit du Diable, par le "
moyen de quelque pacte fait avec lui, par "
laquelle en se servant de méchans et su- "
perstitieux moyens, on opere des choses, "
qui sont au-dessus des forces des hommes, "
mais non pas de celles des Démons. "

Le singulier, c'est que le Diable, qui,
selon l'Ecriture fut menteur dès le commencement, qui est le père dù mensonge,
qui ment et qui mentira toujours, se déna-
ture avec les sorciers, jusqu'au point d'ob-
server religieusement leurs contrats ; cependant faute de bonne caution, ils en sont
quelquefois les dupes.

§ 2. *Y a-t-il des Sorciers?*

Rép. Qu'il y en ait eu, l'on n'en peut
douter sans démentir l'Ecriture
Sainte, les Payens les plus célébres, et tous

les Peres de l'Eglise. Il suffit de nommer les Magiciens de Pharaon, la Pythonisse de Saül, et ce Simon, qui *dicebat se esse aliquem magnum, act.* 8, et que S. Pierre culbuta, comme un *cerf volant*, du haut de l'air, où il planoit sur les ailes des Diables. Calmet, tom. 3, pag. 639.

Y en a-t-il encore? Je vous dirois bien näivement, que je n'en ai jamais vu, et que je n'en crois guere; mais cela ne seroit pas satisfaisant. Songez donc, s'il vous plaît, que de tout temps l'Eglise Catholique a anathématisé les sorciers; qu'elle met par tout entre les mains de ses Ministres, des Rituels, des Formules détaillées pour *exorciser* les lieux et les personnes infectées par cette maudite engeance; que les Cours de Justice, non-seulement les Inquisitions, mais les plus graves Parlemens ont examiné et condamné des sorciers, et qu'à la barbe de leurs Diables, on

les a fait rotir sans pitié, conformément aux
Ordonnances des Empereurs et des Rois ;
qu'on a plusieurs procès de cette espèce,
avec toutes les dépositions, interrogatoires,
recollements, confrontations, etc., et qu'enfin, qnand de toutes les histoires de sorciers qu'on débite, il n'y auroit qu'un mil-
liéme de vrai, cela suffiroit pour en constater l'existence.

Ces preuves sont détaillées dans un traité
anonyme sur la réalité de la Magie, in-12,
imprimé à Paris, chez Prault, 1732.

Il est vrai, qu'aujourd'hui nos Parlemens ne traitent les gens accusés de magie,
que comme des malfaiteurs, et des pertur-
bateurs du repos public ; mais cela prouve
seulement, qu'on a voulu se débarrasser
d'une discussion toujours difficile, et qu'a-
vec de bonnes raisons contre un coupable,
on se soucie très-peu d'avoir des raisons
de plus, pour l'envoyer faire pénitence en

l'autre monde. Et d'ailleurs, combien de gens même du premier ordre, qu'on a traînés aux tribunaux sans raison.

L'affaire de Grandier et des Possédées de Loudun est encore une énigme pour plusieurs personnes. L'illustre Naudé a justifié une infinité de grands hommes soupçonnés de magie. Son ouvrage mérite d'être lu.

---

§ 3. *Combien de sortes de Sorciers ?*

Rép. Les Ecrivains du métier en distinguent sur tout deux genres, qui se divisent en plusieurs espéces.

Premier genre, les Devins. Ce sont d'assez bonnes gens, qui pour une piéce de monnoie vous diront à tort et à travers les plus belles choses du monde, ce que vous ferez et ce que vous avez fait, les thrésors que vous trouverez, et ceux que vous ne trouverez pas, etc.

Les uns par l'inspiration immédiate de leurs Démons.

Tels étoient autrefois les Prêtres et Prêtresses de Jupiter Hammon, de Vénus de Gaze, etc., ce sont les Oracles, les Sybilles.

Les autres en évoquant les ames des morts, ou quelques Diables qui leur ressemblent, comme fit, selon quelques-uns, la Pythonisse pour Samuel. Ce sont les Nécromantiens.

D'autres..... mais pour abbreger, mettons les en litanies.

Les Hydromantiens, qui devinent par l'eau, en vous y faisant voir ce que vous cherchez. Delrio en marque 8 ou 10 sous-espéces.

Les Catoptromantiens, par les miroirs, ou leurs ongles en guise de miroirs, etc., 3 ou 4 sous-espéces.

Les Dactylomantiens, par des anneaux enchantés.

Les Koskinomantiens, par un crible, ou une assiette.

Les Axinomantiens, avec une hache.

Les Kephalæonomantiens, avec une tête d'âne brûlée sur des charbons.

Mais quoi, ces grands vilains mots là ne vous fatiguent pas encore ? Et sçavez-vous, que c'est du Grec. Pour moi j'en suis si étourdi, qu'en dépit du P. Delrio, je ferai grace à toutes les espéces d'Aruspices, d'Augures, d'Astrologues, qu'on a condamnées et qu'on condamnera sous quelque nom et prétexte que ce puisse être. Si vous êtes plus patient que moi, lisez tout à votre aise les recherches magiques, *lib.* 4, *quest.* 6, *etc.*, *et* Bodin *liv.* 1, *chap.* 6.

Deuxiéme genre, les faiseurs de maléfices.

1º Par fascination, regard, souffle, attouchement.

2º Par enchantement, paroles, carac-
téres, figures, nœuds d'aiguillette, etc.
Sçavez-vous ce que c'est que de nouer l'aiguillette ? C'est empêcher deux jeunes
époux de conclure leur marché; avouez
que c'est là un vilain tour.

3º Par simple pharmacie, herbes, drogues, phyltres, etc.

Il y a un troisiéme genre de Sorciers,
dont les Auteurs ne parlent point : ce sont
ces Enchanteurs, et sur tout ces Enchan-
teresses, qui sans Diables et sans drogues
ont l'art de charmer les hommes et d'éton-
ner le monde. Je ne vous citerai pour
exemple que trois Helénes, qui en valent
mille. La première est la fameuse fille de
Léda. Thésée l'enlève 24 ans avant la
ruine de Troyes ; malgré cela un Roi
l'épouse. Paris l'enlève encore ; à Paris
succéde Deiphobe ; et malgré cela Ménélas
se croit encore trop heureux de la repren-

dre. Les restes d'une beauté prodiguée si long-temps, coutent la vie de quinze cens mille hommes, et la ruine d'un Empire. Traitez tout cela d'exagérations poëtiques ; j'y consens : mais n'en avons-nous pas une autre, qui est au-dessus des hyperboles ? Vous l'avez vuë : elle n'est ni fille de Jupiter, ni favorite de Vénus ; elle ne se souvient peut-être pas d'avoir pu l'être de Diane, et certainement elle ne l'a point été de Thémis. Par quels appas, par quels charmes a-t-elle fasciné des hommes, jusqu'à voir à ses pieds des calottes et des casques, des mitres et des caducées ? Elle est devenuë l'Idole et l'Autel, où l'honneur et le bon sens se sont immolés. Un coup de foudre l'a séparée de son grand Sacrificateur ; cependant il lui envoie encore ses offrandes, et le prestige n'est pas dissipé. Auroit-on emprunté le voile de la Religion, pour répéter derrière le Temple les scénes de Paphos et de Caprée ? Je m'envélope dans l'allégorie, pour ne pas divulguer davantage ce qui auroit dû ne jamais être.

Notre Heléne rappelle naturellement celle qui dédommageoit en secret le phanatique Simon de l'hypocrisie qu'il affectoit en public. D. Calmet dit, qu'il appelloit cette femme, la premiere intelligence et la mère de toutes choses. Il donnoit ses paroles pour des oracles ; il lui faisoit rendre hommage par ses Sectateurs ; il disoit que son ame avoit animé le corps de l'ancienne Heléne. Ne seroit—elle pas aussi venuë animer la moderne ? L'enchantement peut-il aller plus loin, et ces excès d'extravagances ne sont-ils pas aussi prodigieux que toutes les sorcelleries du monde ?

§ 4. *Que peuvent faire les Sorciers ?*

Rép. **R**IEN d'eux–mêmes que ce que peuvent tous les hommes ; mais avec le Diable , tout ce que peut le Diable lui-même.

La premiere partie est évidente ; la seconde suppose seulement qu'il y a commerce entr'eux, qu'ils s'entendent comme Larrons en foire, et qu'ils s'aident mutuellement de la meilleure foi du monde. C'est ce que nous avons prouvé du mieux que nous avons pû.

Par conséquent 1°. ils peuvent exciter des orages et des tempêtes, causer des maladies et des mortalités, etc

Le Diable l'a pu faire pour tourmenter et ruiner Job. Donc les Sorciers le peuvent. S. Augustin l'a dit : *lib. de Divinatione. Accipiunt sœpe potestatem morbos immittere, et aërem vitiando morbidum reddere.* Irez-vous contre S. Augustin? Je parie que vous n'avez jamais lû que comme un badinage, ce que dit Apulée de la Sorcière Pamphile : qu'elle pouvoit abaisser le Ciel et suspendre la terre, coaguler les fontaines et dissoudre les montagnes, éteindre les Astres et éclairer les Enfers. Il faut changer de sentiment, Monsieur.

2° Ils peuvent changer l'eau en sang, des baguettes en serpens, etc. *exod.* **7** *et* **8.** Pourquoi ne changeroient-ils pas de même les fibres de la chair en aiguilles?

3° Ils peuvent s'élever de terre, se rendre même non-vraiment invisibles, mais bien *invus*, selon l'ingénieuse distinction du R. P. Delrio, *Lib.* **2.** *pag.* **17.**

Enfin ils peuvent bien des choses merveilleuses.

Mais il y a ici une chose remarquable, c'est que le Diable, qui disoit effrontément à Notre Seigneur : Adore-moi, et je te donnerai toutes les richesses que tu vois ; laisse toujours, du moins depuis un temps, ses gens exposés à l'indigence, aux affronts et à toutes les entreprises de la Justice. Il se contente de faire du mal à leurs ennemis, de les faire danser au sabat, de leur servir de Giton, ou de Sappho, de Laïs, ou de Priape, et autres telles sotises, qui ne les rendent ni plus gras, ni plus indépendans des misères humaines.

Une autre chose, c'est que le Philosophe Porphyre, que ses partisans traitoient de *Théurge* et d'*Enthée*, et qui n'étoit qu'un franc *Goëtien;* voilà trois mots, que je vous donne à deviner ; ce Porphyre a proposé neuf doutes, qui forment neuf objections très-fortes contre la manière dont les Sorciers invoquent le Démon, et dont il leur obéit. Vous le trouverez dans le Jésuite Pererius, *de Magiâ, lib.* 1, *cap.* 5. Il cite Eusebe, *de præpar. Evang. lib.* 5, *cap.* 6.

§ 5. *Que font les Sorciers ?*

Rép. DEMANDEZ-VOUS ce qu'ils ont fait ?
Ils ont fait sans doute ce que dit
Moyse, et ce qu'ils ont pû faire. Car ce ne
sont pas gens à se donner au Diable pour
se tenir ensuite les bras croisés.

Demandez-vous ce qu'ils font, et si nous
avons des prodiges de leur façon, qui
soient littéralement vrais ? Vous m'embar-
rassez ; car enfin des faits de cette espéce
ne se prouvent pas aisément.

Mais, si vous voulez, je vous conterai
l'histoire d'une femme du pays de Constance, qui n'ayant pas été invitée à des
noces de son Village, se fit transporter par
son Diable sur une montagne, creusa une
petite fosse, pissa dedans faute d'eau, dit
quelques paroles, et excita bientôt une
tempête, qui mit en déroute la noce, les
Ménestriers et les Danseurs. Bodin *liv.* 2,

chap. 8. Voilà l'original des Contes des Fées.

Je vous rappellerai la fille de *Zacutus Lusitanus.* Un amant méprisé en fit faire une image de cire par une sorcière ; cette méchante y ficha des aiguilles, lesquelles passèrent par la force des enchantemens dans le corps de cette beauté révêche. Sennert, *liv.* 6, *part.* 9, *pag* 302. Voilà une copie de Médée, et une idée de la fille de Tourcoing.

Devovet absentes, simulacraque cerea fingit,
Et miserum tenues in jecur urget acus.
                                    Ovid. Heroïd.

Je vous transcrirai mille aventures, dont le P. Delrio est farci, et dont il produit les preuves. Il est vrai que ses preuves ne sont pas aussi fortes que les démonstrations géométriques de Grégoire de S. Vincent son confrère. Mais il les trouvoit bonnes, lui, n'en est-ce pas assez.

§ 6. *Par quels motifs agissent les Sorciers?*

Rép. Par tous les motifs qui font agir les hommes.

Par intérêt, pour avoir quelque argent, ou établir quelque secte extravagante.

Par vanité, pour se faire admirer.

Par haine, pour se venger.

Par passion, pour se faire aimer, etc.

Sans être sorcier, l'on se donne au Diable pour moins. Ecoutez les Prédicateurs.

§ 7. *Quels moyens emploient les Sorciers?*

Rép. Souvent les plus ridicules et les moins proportionnés à leurs desseins.

Je me garderai bien de vous détailler les

5.

profanations abominables de la Religion et
de l'humanité, qui ont presque toujours
servi de baze aux sortileges. Il est étonnant
que des Chrétiens aient eu la hardiesse de
les publier. P. Delrio, à quoi pensiez-
vous, et que nous importe de sçavoir ces
horreurs?

Porphyre, Plotin, et les autres Plato-
nico-Pythagoriciens de leur temps soûte-
noient qu'il y a des paroles *divines* capables de soumettre les Démons aux ordres
des hommes. Plusieurs Rabbins ont été
dans la même persuasion. Mais les Auteurs
plus récens n'en croient rien, ni moi non
plus. Ils ne croient pas davantage, qu'un
simple regard, des paroles inintelligibles,
des figures baroques, des talismans cons-
tellés, des poils humains, des dents de
loup, des os desséchés, etc. aient aucune
efficacité réelle, de loin sur tout. Ils attri-
buent tout ou à l'action immédiate du

Diable, ou à la force naturelle des drogues, dont il leur apprend l'usage, souvent même à la subtilité et aux prestiges de ce maître Gonin, archi-Escamoteur, et Docteur Trismegiste de tours de Gibecière.

Je ne sçais ce que Mr. de S. André, *Lettres sur les Maléfices*, veut nous dire avec ses émanations d'esprits malins, qui, des yeux des malfaiteurs, ou malfaitrices, sont capables sans sortilege d'aller porter le poison dans les corps, et d'y produire des effets étranges. A l'en croire on pourrait presque expliquer tout par là. Mais en vérité il va trop loin, et les Physiciens, qui donnent le plus d'activité à nos petites Atmosphères, ne disent rien de si fort. Les vapeurs vénéneuses, qui s'exhalent des corps pestiférés, par exemple, se répandent sans discernement à la ronde. Il lui étoit réservé de mettre en système, que la volonté peut diriger ces vapeurs, et in--

fecter les uns sans endommager les autres.

Quand on veut adopter des faits, et qu'on ne peut les expliquer selon de bons principes, ne vaut-il pas mieux y rénoncer?

Il est si naturel à l'homme de dire, je ne sçais pas. Il semble qu'on ne puisse faire cet aveu sans passer pour un sot. Il faut qu'on parle au risque de ne rien dire.

Pomponatius semble avoir été dans ce goût là. Il veut rendre raison de tout, selon la doctrine d'Aristote, sans l'intervention des Diables, ausquels Aristote ne croyoit pas plus qu'à l'Alcoran. Il se propose des doutes, il y répond, il objecte encore, et il répond encore : et quand il vient aux merveilles, que tout bon Chrétien regarde comme des miracles, il se sauve entre les bras de S. Thomas. Ce Docteur dit, *art.* 5, *quæst. de miraculis, nihil inconvenire duos effectus esse ejusdem speciei, quorum unus est factus ex miraculo, alter vero est factus per causas naturales*. Comment les distinguer ? Par la décision de l'Église. Ainsi les miracles, qui prouvent la Religion et l'Église, ne seroient des miracles pour nous, que quand l'Église l'a dit. Voyez-vous où cela mene ? Voyez le traité de cet Auteur, *de Incantationibus*.

Mais pour revenir aux prestiges du Diable, les Mages d'Egypte donnent lieu à bien des réflexions, qu'il est aisé d'appliquer à tous les faits de cette nature. Ne parlons que des verges changées en serpens.

Le Jésuite Pererius, *de Magiâ, lib.* 1, *cap*. 17, observe que cette métamorphose a pu se faire de quatre ou cinq façons.

1º Le Diable a pu mettre dans l'imagination des spectateurs des iées, ou phantômes, d'abord de baguettes et ensuite de serpens, à peu près comme il arrive dans la violence de la fiévre, ou de la frénésie ; ce qui s'explique d'ordinaire par l'agitation et le trouble des esprits animaux.

2º Il a pu tellement troubler leur vuë, qu'ils crussent voir ce qui n'était point, soit *en modifiant* à son gré l'air extérieur qui est le *véhicule* de la lumière, et le moyen de la vision, soit en peignant sur leurs *rétines* au fond de leurs yeux, des images de serpens.

L'Auteur aussi-bien que D. Calmet, *Dissertation sur les Miracles*, rejettent ces deux façons, parce qu'en détruisant la réalité des serpens, elles semblent trop contraires au texte de l'Ecriture. Mais cela n'empêche pas que le Diable n'ait pu le faire ainsi dans d'autres occasions.

3º Le Diable a pu changer réellement ces baguettes en serpens, par l'application puissante, quoiqu'invisible, de quelques agens naturels que nous ne connoissons pas.

C'est l'idée de S. Augustin, de S. Tho—

mas, de S. Bonaventure, et de la plûpart des Interprétes. Car ces Messieurs se suivent volontiers à la piste. Or, S. Augustin supposoit (*Dom Calmet ibidem*) " qu'il y a dans la nature un principe universel ré— " pandu dans tous les élémens, qui contient " la semence de toutes les choses corpo— " relles, lesquelles paroissent au dehors, " lorsque leurs principes sont mis en action " par des agens convenables. " Mais ce sys— tême n'est point à la mode ; et si cela étoit, quels prodiges seroient impossibles au Diable ? Il pourroit encore plus aisément résusciter des morts, ou du moins ranimer leurs cadavres, en se mettant lui-même à la place des ames, qui en seroient séparées. La question des miracles est déjà assez obs— cure, sans l'embarrasser encore de nou— velles difficultés. Aussi Caïetan et d'autres trouvant cette manœuvre trop facile, ont dit, et sans preuve s'entend, que le Diable qui prévoyoit les choses de loin, avoit dis-posé petit à petit les baguettes à se *serpen-tifier* justement à l'instant du défi ; et le tout de peur d'être pris *sans verd*.

4° Le Diable a pu donner à ces baguettes une forme, une figure extérieure de ser-pens, et leur imprimer quelque espèce de mouvement semblable à celui de ces rep-tiles.

Cette manière est sujette à toutes les objections que souffrent les trois autres.

5° Enfin il a paru surprendre l'attention des spectateurs, escamoter les baguettes d'un tour de main, et y substituer de vrais serpens, qu'il apporta bien vite, ou qu'il avoit tous prêts en poche.

C'est le sentiment qu'adopte Pererius, de même que Lyranus et Tostat. Et en effet, c'est le plus commode ; car 1° ce sont de vrais serpens. 2° Point de produc-tion nouvelle, point de création de la part du Diable. 3º Il n'est pas même nécessaire que le Diable s'en mêlat ; un peu de subtilité suffisoit.

Ainsi, supposé que les aiguilles de Tourcoing viennent du Diable, nous dirons avec eux, que ce sont de vraies aiguilles, qu'il a volées quelque part, et qu'il lui a plantées dans les chairs, peut être sans qu'elle s'en apperçut. Et comment, sans qu'elle s'en apperçut ? Est-ce qu'elle est *ladre* ? C'est ce que nous discuterons bientôt. Ne nous égarons pas.

§ 8. *A quels signes juge-t-on que les maléfices viennent des Sorciers?*

Rep. **D**ELRIO, *lib.* 6, *c.* 2, *s.* 2, *q.* 3, en rapporte 16 ou 17 d'après le Médecin Codronchus, *lib.* 3 *de morbis venef. c.* 13, *et* 25 d'après Zacharias Vicecomes, *in complem. exorcisticæ pars.* 1 ; mais de son aveu la plûpart regardent le possession, non le simple maléfice, et presque tous les autres sont inutiles ou équivoques, puisque souvent les sortileges n'ont point ces signes, et que plus souvent encore ces signes se rencontrent sans sortilege.

Je me bornerai donc à ceux, dont parlent Daniel Sennert *lib.* 6, *part.* 9, *pag.* 308, et après lui Paul du Bé, *Medicinæ Theor. Medul. Paris* 1671, ce sont deux Médecins. Les exorcistes ont leurs signes à part.

La maladie est maléfice 1° quand les habiles Médecins n'y connoissent rien, qu'ils ne peuvent la rapporter à aucune des maladies connuës, que leurs remêdes y sont inutiles, ou même empirent le malade, au lieu de le soulager.

2° Quand le mal ne suit point les dégrés de commencement, de progrès, de force et de déclin, qui sont ordinaires aux indispositions naturelles ; mais qu'il déploie sa force, ou cesse tout-à-coup, sans intervales certains, comme on en remarque dans les *paroximes* ou accès des douleurs les plus aiguës.

3° Quand on observe des symptomes inusités, comme si le mal s'aigrissoit à la vuë du Sorcier, ou qu'il y eût des éjections de corps non naturels. Celui-ci est peu décisif ; car on sçait combien de choses étranges dévorent les lycanthropes et les maniaques, les femmes enceintes et les filles tourmentées de la passion hystérique. L'autre signe suppose ce qui est en question. L'imagination prévenuë d'un malade n'est pas preuve.

Mais quelle méthode a-t-on pour discerner les Sorciers ? Quand les faits ne déposent pas assez contr'eux, on ne sçait guére comment s'y prendre. J'ai lu que les sorciers ont un endroit du corps insensible. L'affaire est de trouver cet endroit. Et quand on le trouveroit ; combien de gens ont des endroits du corps insensibles à la suite de quelque blessure, brûlure, etc. J'ai lu, qu'au sabat, on s'avise souvent de couper aux gens du poil à certain endroit, pour en faire un holocauste au *Grand Bouc*. Si cela étoit, il faudroit visiter cet endroit là. Encore faudroit-il que l'opération fût récente ; car autrement le poil auroit pû y recroître. Eh ! Messieurs les Auteurs un peu plus de physique, s'il vous plaît, ou du moins plus de réfléxion, quoiqu'il en soit.

Il est assez manifeste que les aiguilles de Tourcoing ne sont point ce qu'on appelle une maladie naturelle : donc c'est un sortilege ; c'est aller un peu trop vite. Il faut voir encore si elles ne peuvent pas venir des hommes.

Mais n'a-t-on point de raison particulière de les attribuer à la magic ? Pardounez-moi : voici de quoi soupçonner quelque chose.

Cette fille a été jolie. L'on en convient. Or, l'amour qui se niche aussi volontiers dans les yeux d'une jolie Paysanne, que dans ceux d'une princesse, s'embusqua là, et transperça un Jouvenceau, qui en devint amoureux à la folie. Parmi les gens de cette espéce, on déclare ses *tendres feux* un peu plus vite que dans les vieux Romans ; mais soit que le galant pensât au Sacrement, ou que ce ne fût qu'un amant profane, il fut rebuté. Peu après il mourut, de douleur sans doute, car il faut cela pour la beauté de l'histoire ; et peu après la cruelle fut tourmentée des aiguilles ; comme si pour un seul trait dont elle avoit *navré* le cœur de cet infortuné, elle eût dû en souffrir sans cesse mille dans tout son corps. Voilà un *comme si* digne au moins du Cyrus ou de la Clélie.

G.

A présent pour que ces aiguilles soient magiques, il faut supposer que ce garçon en mourant appellât quelque vieille Sorciere, et qu'après l'avoir attendri par ses larmes ou par son argent, il en obtînt qu'elle le vengeroit de son ingrate.

Se non è vero, è bene trovato.

Et si nous ne trouvons rien de mieux, nous pourrons nous en tenir là. Je serois cependant faché que ce pauvre garçon fût ainsi mort en mauvais Chrétien. Si son *Alcimadure* avoit lû Suidas, elle l'auroit peut-être guéri de cette passion funeste, comme fit cette Hypatia d'Alexandrie, laquelle ne pouvant se défaire d'un amant importun, s'avisa de lui montrer son linge teint de ce sang, que vous sçavez, en disant : *voilà ce que vous aimez, jeune homme ; mais cela n'est pas beau.* Delrio *l. 3, par.* 1, *qu.* 3, *s.* 3.

§ 9. *Comment guérir les Maléfices ?*

Rép. Tous les Auteurs Chrétiens conviennent qu'on ne peut licitement guérir un maléfice par un autre, ni par aucun moyen superstitieux. Il y a d'ailleurs des remédes naturels, il y en a de surnaturels. Delrio remarque, *l.* 6, *c.* 2, *s.* 2, que les Théologiens ne donnent en ce cas aucune force aux remèdes naturels, et que la plûpart des Médecins leur en donnent trop. Les Théologiens veulent des exorcismes ; cela est naturel, chacun prêche pour son saint. Pour Delrio, il ramasse, il entasse tout à son ordinaire ; pourvu cependant que les remédes naturels n'aient qu'une force indirecte et *secondaire ;* à-peuprès comme ce foie de poisson, qu'employa l'Ange de Tobie, pour le garantir de ce terrible nouement d'aiguillette, qui avoit jusqu'alors empêché l'aimable Sara d'être femme, quoiqu'elle eût eu sept maris : car en rigueur, on n'avoit pas besoin de ce poisson là pour un tel miracle. *Tob. 8 et Calmet, Dissert. sur le Démon Asmodée.*

Ainsi, Delrio, *ibid.* propose sur la foi des anciens et des modernes, Médecins, Historiens, Poëtes, n'importe, la pivoine, le laurier, le bouillon, la rhuë sauvage, le millepertuis, la verveine, l'aubifoin, l'armoise, l'aurone, la centaurée, la sauge, l'aristolache, l'anis, l'ail, etc., et n'a-t-il pas raison ? Car voilà un salmis capable d'empoisonner le Diable, ou si vous voulez, une panacée admirable, puisqu'il y entre des plantes de toute sorte de vertus.

Il parle aussi du diamant, de l'éméraude, de la chrysolite, du corail, de la pierre d'aigle, etc. Mais ces remédes là ne valent rien pour les pauvres.

Il indique les vomitifs, les bains, les sudorifiques, les frictions, les onctions, les purgations, les suffumigations ; et que n'indique-t-il pas ? Mais il n'observe point que les remédes assignés par les plus considérables Médecins qu'il cite, tels que Codronchus et Cæsalpin attaquent directement la folie et l'affection hypocondriaque. Il faut avouer en effet, qu'il y a bien des maléfices de cette espèce.

Il fait encore mention des têtes de loup attachées aux portes. Vous ne sçaviez pas, je gage, d'où venoit la très-ancienne coutume d'attacher ainsi des têtes de loup, de hibou, etc. Hé bien, Monsieur, c'est pour mettre en fuite les Diables et les Enchanteurs.

Mais le plus singulier préservatif est celui qu'il suggere après Louis Banairole ; et cependant rien de plus facile ; il suffit de barbouiller les portes de sang *menstruel*. Auriez-vous cru que ce sang là fît peur au Diable ? Il est vrai que les modernes ne lui laissent pas le quart des propriétés que lui donnoient les anciens, et Pline entr'autres. Mais de quoi s'avisent les modernes, de parler autrement que les anciens ?

Quant aux remédes surnaturels, je vous renvoie aux Rituels, et à l'Auteur anonyme du *Traité sur la Magie*, que j'ai cité plus haut. Voici ce qu'il dit, *pag.* 302. " Les " Ecclésiastiques doivent consulter les Mé- " decins dans les maladies équivoques, " avant que d'employer leur ministère ; " et les Médecins doivent aussi consulter " les Exorcistes, quand ils voient des ma- " ladies inconnuës. " Et il ajoûte, *ubi desinit Medicus ibi incipit exorcista.* Cette maxime revient à ceci , que quand les hommes ne peuvent guérir, il faut recourir aux Ministres de Dieu, et n'attendre plus rien que de sa bonté. Mais le même Auteur dit *pag.* 300, " Que quand les possessions " viennent des Magiciens, l'Eglise les gué-

rit aisément par la force des éxorcismes ; "
mais que celles qui sont de l'ordre de "
Dieu même, comme celles de Job et de "
Saül, (remarquez qu'il traite Job de pos- "
sédé) l'Eglise ne sçauroit les détruire, "
que quand le Seigneur le juge à propos, "
on en doit dire autant des maléfices.

Il s'ensuit 1º Que dans les maladies sur-
prenantes, les Médecins doivent être les
premiers consultés. 2º Que quand ces maladies sont contre nature, les Médecins n'y
peuvent rien, et 3º Que quand elles sont
de l'ordre de Dieu même, les Exorcistes, du
moins comme Exorcistes n'y peuvent rien
non plus.

Or, les aiguilles de Tourcoing sont contre
nature ; il n'est donc pas étonnant que les
Médecins ne puissent les extirper entière-
ment. D'ailleurs on ne sçait point si elles
sont *de l'ordre de Dieu même* ; car les Auteurs ne donnent point de régles pour faire

ce discernement. Donc, on ne sçait si la voix des Exorcistes y seroit plus efficace, que la main des Chirurgiens. Et c'est peut-être pour cela, que les Supérieurs Ecclésiastiques n'ont pas voulu tenter ce reméde sacré. Peut-être aussi ont-ils cru, comme bien d'autres, que la malade se guériroit elle-même quand il lui plairoit.

Mais il y a un remède, qu'on ne regarde pas communément comme tel, et qui cependant est souvent le plus efficace ; c'est le séquestre. Car combien de possédés et de maléficiés se sont trouvés guéris tout d'un coup, aussi-tôt qu'on les a fait changer de main, et qu'on les a mis chez des gens sûrs. On l'a proposé pour Tourcoing. La chose à été refusée, sous des prétextes plausibles, et ce refus a augmenté le soupçon de supercherie. C'est là qu'il en faut enfin venir.

V. QUESTION.

CES aiguilles viennent-elles des hommes ? Cette question se subdivise encore : car ce n'est qu'à force d'analyser, qu'on peut parvenir au vrai, du moins au vraisemblable dans les faits aussi obscurs que celui-ci.

Ainsi, supposé que ces aiguilles viennent des hommes, elles viennent, ou de la malade, ou du Chirurgien qui la traite, ou des gens qui la logent, ou de quelque personne, qui furtivement, et de concert avec elle, fait cette misérable manœuvre.

1° Est-ce la malade, et pourquoi ?

Valeat illud cassianum, cui bono ? Ce seroit apparemment ou pour exciter la compassion, ou pour attirer des aumônes, ou pour être regardée comme une personne extraordinaire, et même pour une *Sainte*.

Pour exciter la compassion ? Cela n'est point nécessaire : son état est d'ailleurs assez déplorable, pour toucher les cœurs les moins humains.

Pour attirer des aumônes ? Elle n'en reçoit jamais;elle est logée et traitée pour rien.

Pour être regardée comme une personne extraordinaire ? Il est vrai qu'il seroit bien extraordinaire, qu'on se tourmentât si cruellement par pure vanité. Mais cela ne seroit pas impossible, ni unique. On a des exemples de fantaisies aussi absurdes, et soutenuës aussi longtemps. Il faut cependant remarquer, que quoiqu'elle souffre avec une constance et une fermeté qui étonne ; on ne voit d'ailleurs aucune affectation de sainteté, point de mysticité singulière, point de visions exstatiques, point de révélations ; caractére ordinaire des hypocrites et des fourbes en sainteté. En voici une preuve assez forte.

Elle s'appelle Thérese. On lui demandoit un jour en riant, si elle n'avoit jamais eu d'aiguilles à la langue : oh non, répondit-elle sur le même ton, Dieu me fait bien de la grace de me la conserver ; c'est ma seule consolation : si jamais il en vient là, Thérèse est f.... Elle articula ce mot avec toute l'énergie possible. Il est vrai que cela fut dit tête à tête, mais ce qui suit, se fit en présence de cinq ou six personnes.

Le Chirurgien, après lui avoir tiré une aiguille, se retiroit. Hé bien, lui dit-elle, est-ce qu'il ne me revient rien ? sur cela le Chirurgien retourne et l'embrasse. Un des spectateurs regardant ce badinage avec quelque surprise, elle ajoûta, que c'étoit sa coûtume, et qu'elle le payoit comme elle pouvoit, du soulagement qu'il lui avoit donné. L'autre dit, pour l'essayer, qu'il étoit faché de n'être pas Chirurgien, pour en avoir autant. A cela ne tienne, Monsieur répondit-elle aussitôt, si cela vous fait plaisir. Il approche, elle présente son visage, et le baise tout naturellement.

Ces deux faits sont vrais. Qu'en pensez-vous, Monsieur, est-ce là le langage et la manière de l'hypocrisie ? Si elle est fourbe, c'est une fourbe d'une espéce toute neuve, à laquelle je ne conçois rien.

Mais comment auroit-elle ces aiguilles ? Elle ne peut se remuer. Il faudroit donc qu'on les lui fournît, et par conséquent qu'il y eût de la connivence.

2° Seroit-ce le Chirurgien, et pourquoi ?

Ce ne seroit pas pour se faire un mérite de la traiter ; il n'est pas plus difficile d'ôter par incision des aiguilles que de tirer une épine du pied. Ce ne seroit pas par intérêt ; il la panse *gratis*. Ce ne seroit pas par pure complaisance ; un homme public ne se prête pas à une telle friponnerie ; et ce Chirurgien est trop honnête homme pour qu'on l'en soupçonne. Il est dans la bonne foi, il paroît même persuadé qu'il y a de la diablerie.

3º Seroit-ce les personnes que la logent?

Ce sont deux Demoiselles qui vivent de leurs rentes, et qui jouïssent d'une réputation à l'épreuve. Elles ont recueilli cette fille, qui étoit sans secours et sans appui. Elles ont pour elle autant de soins que si c'étoit leur sœur. Quel intérêt auroient-elles de la martyriser ainsi? Est-il permis d'attribuer sans raison à d'honnêtes gens une supercherie aussi odieuse?

4º Seroit-ce enfin quelque étranger, qui meneroit sourdement cette intrigue? Et qui? Le Confesseur? C'est le Vicaire de la Paroisse, un homme placé et maintenu dans sa place par l'Evêque, avec l'approbation de ses Supérieurs et du Public. Et qui encore? En vérité je n'en sçais rien. Quelqu'un s'est imaginé, qu'il avoit découvert le mystére, et voici ce qu'il m'en a dit.

Il y a dans une Ville voisine un homme qui va souvent dans cette maison là. Il est imbu de certains sentimens, et fort zèlé pour la propagation de sa Doctrine. Or, on sçait qu'en matière de Religion, le zèle est souvent aussi aveugle qu'il est actif et entreprenant. Cela supposé, seroit-il impossible que cet homme se fût mis dans la tête de renouveller à Tourcoing les miracles de S. Médard ?

Mais il faudroit, 1° qu'il ignorât que les prestiges de S. Médard ont fait plus de mal que de bien : que Mr Dugué, qui avoit autant d'esprit que de sçavoir, les a toujours désapprouvés tout haut ; que ces sortes de tromperies pieuses sont de vrais crimes, dont la vérité n'a que faire, et qu'elles se découvrent tôt au tard, à la honte de leurs auteurs.

2° Que cette fille passât publiquement

pour s'écarter des sentimens communs ; ce qui n'est point.

3° Que la chose se fît de concert avec ces Demoiselles qui la logent, et par con—séquent qu'elles pensassent de même ; ce qu'on ne prouve point.

D'ailleurs à S. Médard, c'étoit des gens qu'on prétendoit guérir ; et ici, c'est une fille qu'on fait souffrir. Quelle vraisem—blance ?

Mais n'est-elle pas insensible ? Non sans doute. Elle est ordinairement pâle, et quand le Chirurgien travaille, son visage se couvre de sueur, et se colore du plus vif incarnat. Ce ne sont point là des signes équivoques de sensibilité.

Mais ne pourroit-on pas la rendre insen—sible, du moins quand on met ces aiguilles ?

Il est vrai que la Chirurgie a des moyens d'amortir les chairs, quand elle doit couper ou brûler dans les grandes opérations. Il est encore vrai, que la Pharmacie fournit des *narcotiques* capables de plonger le corps et l'âme dans un sommeil léthargique. On connoît la force de la mandragore, du pavôt, de la ciguë, de la jusquiame, de la pomme épineuse, etc. J. B. Porta, *Magia natural. liv.* 8. dit même, qu'on en peut tirer une quintessence, dont l'odeur seule présentée aux narines, quand on dort, enchaîne tous les sens, sans qu'il reste ensuite aucune pésanteur de tête, ni aucun indice de supercherie ; et je crois avoir lû dans les *Causes célèbres*, qu'on a donné à une Dame un *hypnotique* si fort, qu'elle a accouché sans le sentir.

On pourroit donc à l'aide de quelque reméde semblable assoupir si profondément cette fille, qu'on lui enfonçât des aiguilles dans les chairs, sans qu'elle s'en apperçût, ni qu'elle sentît d'où elles viennent. On a même cru voir à ces aiguilles une espéce d'enduit gommeux, comme à nos grandes épingles de frisure. Mais cela suppose toujours de la fourberie dans ceux qui l'approchent, et il n'y a point de raison d'en supposer.

Ce ne sont donc là que des conjectures hazardées, et des soupçons injurieux, que l'équité naturelle ne permet pas d'adopter.

Il en faut donc revenir au sortilége ; mais vous n'en voulez point, ou faire de cette fille le second tome de Job ; cela ne vaut guére mieux. Oh bien vous êtes trop difficile, je ne sçais plus que vous dire ; car je ne veux point intéresser la réputation des gens. C'est une chose si respectable et si délicate que la réputation. Je voudrois bien que les hommes se ménageassent un peu plus les uns les autres sur cet article.

> Nescit vox missa reverti,

et une parole lachée indiscrettement ou

avec malice fait souvent des blessures, qu'on voudroit et qu'on ne peut guérir.

Mais vous qui voulez absolument des explications, voudriez-vous bien m'expliquer comment ce Louis Roossel de Vlasloo, auprès de Dixmude, accoucha d'un enfant par la cuisse. Ne vous moquez pas de moi, s'il vous plaît. C'est un grave Théologien, qui l'a dit, et qui a fait sur cela seul un traité tout singulier; c'est le R. P. Loth, Dominicain, *Resolutiones Theolog. tract.* 15. Le P. Delrio n'a rien avancé de plus hardi. Je vois bien que vous allez me renvoyer aux Fables de Minerve et de Bacchus, et que vous condamnerez *sur l'étiquette du sac* le Dominicain à servir de *pendant* au Jésuite. Mais cela prouve toujours qu'il y a bien des choses qu'on n'explique point.

Cependant il faut faire un dernier effort pour vous contenter. J'ai lu la Vie de la vénérable Mère Marie Alacoque, et je m'en rappelle un trait capable de développer notre énigme.

Cette chaste Colombe voulant faire quelque chose d'héroïque pour plaire à son divin époux ; persuadée que les maux ordinaires, dont la Providence nous afflige, ne suffisent pas à une ame amoureuse des souffrances, et croyant que les croix volontaires donnent plus de conformité avec cet adorable Sauveur, qui n'a souffert que parce qu'il l'a voulu.... Mais voilà une phrase qui s'embarrasse, et qui ne finit point : tranchons. Marie Alacoque s'avisa de se déchiquéter le sein avec un canif, et d'y graver ainsi le nom de Jésus. Mais comme ces *blessures amoureuses* se refermoient trop vite à son gré, elle les rouvrit avec une bougie allumée, et les fit durer plus de neuf mois. Pouvoit-elle moins faire pour cet amant céleste, qui lui avoit donné son cœur avec toutes ses *dépendances* ?

Voyez la vie miraculeuse de cette dévote, *l. 5, n° 73, pag.* 168.

Voici donc ce que j'imagine ; pure imagination, et que je vous prie de prendre pour telle.

La fille de Tourcoing, non contente de l'état douloureux où ses infirmités l'avoient réduite, a voulu souffrir encore plus :

Amplius, Domine, amplius.

Elle s'est transpercé tout le corps d'aiguilles, comme d'une chose, non-seulement plus aisée à trouver, mais plus propre à faire durer son mal. Elle s'est exposée aux railleries, et aux interprétatious malignes du public. Les personnes qui la logent, touchées de cet effort de vertu, lui ont prêté leur secours et lui gardent le secret. Avec cela tout s'explique. Elle souffre doublement, quand on lui met ces aiguilles et quand on les tire. Elle souffre gaiement, parce qu'elle souffre volontairement. Elle se laisse baiser sans façon, parce qu'un corps comme le sien est plus capable d'éteindre les desirs que d'en allumer. Elle jase et s'exprime sans détour, pour donner le change aux vains raisonneurs. On ne la laisse plus voir, pour ne pas scandaliser les foibles, etc.

Les Profanes, dont la plus grande peine est de varier leurs plaisirs, siffleront sans doute cette idée ; mais qu'ils sifflent, et qu'ils *persifflent* : on sçait assez que cela ne prouve rien, qu'ils lisent, s'ils peuvent, nos Livres spirituels, ils y verront cent traits aussi frapans.

Pour vous, Monsieur,

Si quid novisti rectius istis,
Candidus imperti : si non, his utere mecum.

Horat.

F I N.

Lille, Imp Horemans.

La Dissertation sur les Maléfices et les Sorciers, et en particulier sur l'état de la fille de Tourcoing, *publiée d'abord en 1752, sans nom d'auteur, serait due, d'après le Dictionnaire des Anonymes, de M. Barbier, à la plume fertile de l'abbé Vallemont.*

Le bon accueil que font ordinairement les Bibliophiles aux réimpressions à petit nombre de livres curieux devenus rares, m'a engagé à réimprimer celui-ci.

Ce petit volume porte la suscription de Tourcoing, comme lieu d'impression ; tout porte à croire qu'il sort des presses lilloises ou tournaisiennes. Tourcoing n'a été doté d'une imprimerie que vers 1832 ou 1833.

Cet opuscule est rempli de singularités ayant trait aux sortiléges, aux maléfices et aux sorciers; il renferme, en outre, une foule de citations extraites de différents auteurs, qu'il serait, sinon impossible, du moins fort difficile de se procurer, et qui ont écrit pour ou contre la magie et les autres sciences occultes.

Lille, imp. Horemans